9/20

¿De dónde viene?

Del trigo al pan

por Penelope S. Nelson

Bullfrog
en español

Ideas para padres y maestros

Bullfrog Books permite a los niños practicar la lectura de textos informativos desde el nivel principiante. Las repeticiones, palabras conocidas y descripciones en las imágenes ayudan a los lectores principiantes.

Antes de leer

- Hablen acerca de las fotografías. ¿Qué representan para ellos?

- Consulten juntos el glosario de las fotografías. Lean las palabras y hablen de ellas.

Durante la lectura

- Hojeen el libro y observen las fotografías. Deje que el niño haga preguntas. Muestre las descripciones en las imágenes.

- Léale el libro al niño o deje que él o ella lo lea independientemente.

Después de leer

- Anime al niño para que piense más. Pregúntele: El trigo crece en los campos. ¿Puedes nombrar otras plantas que crecen en los campos?

Bullfrog Books are published by Jump!
5357 Penn Avenue South
Minneapolis, MN 55419
www.jumplibrary.com

Library of Congress Cataloging-in-Publication Data

Names: Nelson, Penelope, 1994– author.
Title: Del trigo al pan / por Penelope S. Nelson.
Other titles: From wheat to bread. Spanish
Description: Minneapolis, MN: Jump!, Inc., [2021]
Series: ¿De dónde viene? | Includes index.
Audience: Ages 5–8 | Audience: Grades K–1
Identifiers: LCCN 2020022582 (print)
LCCN 2020022583 (ebook)
ISBN 9781645276166 (hardcover)
ISBN 9781645276173 (paperback)
ISBN 9781645276180 (ebook)
Subjects: LCSH: Bread—Juvenile literature.
Wheat—Juvenile literature.
Classification: LCC TX769 .N4518 2021 (print)
LCC TX769 (ebook) | DDC 641.81/5—dc23
LC record available at https://lccn.loc.gov/2020022582
LC ebook record available at https://lccn.loc.gov/2020022583

Editor: Jenna Gleisner
Designer: Anna Peterson
Translator: Annette Granat

Photo Credits: SeDmi/Shutterstock, cover; monticello/Shutterstock, 1; cristi1801884/Shutterstock, 3; StockImageFactory.com/Shutterstock, 4; Ievgenii Meyer/Shutterstock, 5, 22tl, 23tl; smereka/Shutterstock, 6–7, 22tr, 23tm; Istvan Csak/Shutterstock, 7, 23bm; Juliasfilz/Shutterstock, 8–9, 22mr, 23br; Michelle Lee Photography/Shutterstock, 10–11, 22br, 23tr; Iakov Filimonov/Shutterstock, 12, 16, 22bl; Rimma Bondarenko/Shutterstock, 13 (background); Jiri Hera/Shutterstock, 13 (foreground); Shutterstock, 14–15, 23bl; JackF/Adobe Stock, 17; CandyBox Images/Shutterstock, 18–19, 22ml; whyframestudio/iStock, 20–21; Preto Perola/Shutterstock, 24.

Printed in the United States of America at Corporate Graphics in North Mankato, Minnesota.

Tabla de contenido

De la harina

¡A Melissa le encanta el pan!
¿De dónde viene éste?

trigo

¡Del trigo!

Este crece en los campos.

Los granjeros
lo cosechan.

Luego va a un
molino harinero.

molino
harinero

7

Las máquinas lo
muelen hasta convertirlo
en harina.

harina

sal

levadura

agua

Usamos harina para hacer pan.

¿Cómo?

Le añadimos **agua**, sal y levadura.

Los panaderos hacen barras de pan.

Algunas son largas.

panadero

barras de pan

trenza

Otras son redondas.
¡Algunas son trenzas!

masa

14

La masa sube.

Esto toma tiempo.

¡Hora de hornear!
La masa va a los hornos.

¡Perfecto!

Lo compramos.
¡Mmm!

¿Te gusta el pan?

Del trigo a la mesa

¿Cómo llega el pan a nuestras mesas?

1. El trigo crece en los campos.

2. Los granjeros cosechan el trigo.

3. El trigo es molido hasta convertirse en harina en los molinos harineros.

4. Los panaderos le añaden ingredientes a la harina para hacer la masa.

5. Se hornea la masa en los hornos.

6. ¡Compramos y comemos pan!

Glosario de fotografías

campos
Pedazos de tierra abierta que a veces se usan para hacer crecer los cultivos.

cosechan
Recolectan cultivos de un campo.

levadura
Un hongo utilizado para hacer subir la masa del pan.

masa
Una mezcla espesa de principalmente harina y agua, que se usa para hacer pan.

molino harinero
Un edificio con máquinas que muelen el grano hasta convertirlo en harina.

muelen
Trituran algo en pedazos pequeños o polvo.

23

Índice

Para aprender más

FACT SURFER

Aprender más es tan fácil como contar de 1 a 3.

❶ Visita www.factsurfer.com

❷ Escribe "deltrigoalpan" en la caja de búsqueda.

❸ Elige tu libro para ver una lista de sitios web.